edition **+ plus**

Jesper Juul

Frau & Mutter

*Ein solidarischer Essay aus der
Perspektive eines Mannes*

01
familylab
Schriftenreihe

Jesper Juul

Frau & Mutter

*Ein solidarischer Essay aus
der Perspektive eines Mannes*

Copyright © by Jesper Juul
Übersetzungslektorat: Nuka Matthies, Berlin
Verlagsredaktion: Mathias Voelchert GmbH
Umschlaggestaltung: Mathias Voelchert GmbH
Typografische Bearbeitung und Satz: Sead Mujić
Herstellung BoD – Books on Demand, Norderstedt
Printed in Germany
ISBN 978-3-935758-50-5

Dieses Buch ist auch als Hörbuch erhältlich,
gesprochen von Jesper Juul
Wie auch als eBook mit der ISBN 978-3-935758-51-2

Copyright für die deutsche Ausgabe 2014
© by Jesper Juul und Mathias Voelchert GmbH Verlag, München,
edition + plus
1. Auflage 2014

Kontakt: mvg@mathias-voelchert.de
www.familylab.de
www.beziehungenimwandel.de

www.jesperjuul.com
www.family-lab.com

Inhalt

*Die Vorstellung von perfekten Eltern ist absurd.
Die besten Eltern, die ein Kind haben kann,
sind diejenigen, die Verantwortung für ihre Fehler
übernehmen, wenn sie ihnen bewusst werden.*

Jesper Juul

In dieser familylab-Schriftenreihe finden Sie zeitlose Gedanken zu Beziehung und Familie von Jesper Juul, und anderen Autoren. Die Überlegungen können Eltern, Lehrern, Mitarbeitern, Menschen in Leitungsfunktionen, wie auch Fachleuten dazu dienen, die Qualität ihrer Beziehungen zu reflektieren und zu modifizieren.

Der Autor

Jesper Juul, 1948 in Dänemark geboren, ist Lehrer, Gruppen- und Familientherapeut, Konfliktberater und Buchautor. Er war bis 2004 Leiter des »Kempler Institute of Scandinavia«, das er 1979 gründete. Mit 16 Jahren fuhr er zur See, jobbte später als Bauarbeiter, Tellerwäscher und Barkeeper. 1972 schloss er sein Studium der Geschichte, Religionspädagogik und europäischen Geistesgeschichte ab. Statt die Lehrerlaufbahn einzuschlagen, nahm er eine Stelle als Heimerzieher und später als Sozialarbeiter an und bildete sich in Holland und den USA bei Walter Kempler zum Familientherapeuten weiter. Seit Anfang der 1990er Jahre arbeitet er in Kroatien mit Flüchtlingsfamilien. Er lebt heute in Dänemark. 2006 gründete er das familylab, das mit Elternkursen und Schulungen in Deutschland, Österreich, der Schweiz und vielen weiteren Ländern aktiv ist. Seine Bücher wurden in viele Sprachen übersetzt.

Vorwort

Seit vielen Jahren werde ich gebeten, ein Buch über Mütter zu schreiben. Das habe ich immer abgelehnt, einfach aufgrund der Tatsache, dass ich weder eine Frau noch eine Mutter bin und mein Wissen daher bestenfalls aus zweiter Hand stammt.

Andererseits habe ich jetzt so viele Jahre als Therapeut, Berater und Pädagoge mit Frauen und Müttern gearbeitet, und ich habe dadurch ein ziemlich umfassendes Verständnis und Einfühlungsvermögen für Frauen und Mütter entwickelt, so dass ich jetzt beschlossen habe, dass es vielleicht in Ordnung ist, diesen Aufsatz zu schreiben. Meine Inspiration dazu ist die Titelseite des Times-Magazin (May 21, 2012 Anmerk. d. Red.) wo eine Mutter ihren sechs-jährigen Sohn stillt. Und all die Turbulenzen die dieses Cover verursacht hat. Meine wahre Motivation ist jedoch die oft sehr vereinfachte Art und Weise, wie Mütter in den Medien dargestellt werden, und die Erfahrung, dass Frauen und Mütter all die Unterstützung von außen brauchen, die sie nur bekommen können, um ein erfülltes Leben für sich selbst zu schaffen und dadurch so gute Partnerinnen und Mütter zu sein, wie es ihnen möglich ist.

Wenn Sie eine Frau sind, hoffe ich, dass Sie meine Fürsorge und Wertschätzung hinter dem spüren können, was Sie vielleicht als harte oder kritische Aussagen wahrnehmen. Wenn Sie ein Mann sind, ermutige ich Sie, einen ernsthaften Blick auf Ihre eigene Rolle zu werfen und den Einfluss zu sehen, den Sie als Sohn, Liebhaber, Partner und Elternteil haben.

Der Artikel im Times-Magazin konzentriert sich auf „Attachment Parenting", das wie alle anderen Modelle und Methoden die Tendenz hat, außer Kontrolle zu geraten, wenn es angewendet wird, ohne dass man sich mit den beteiligten Personen auseinandersetzt und sie wirklich erkennt und anerkennt.

Einleitung

Sowohl die sozialökonomischen als auch die politischen Bedingungen für Frauen in den vergangenen Jahrhunderten sind gut bekannt und eingehend analysiert und beschrieben worden. Dieses fast unvorstellbare Ausmaß führte die Frauen der westlichen Welt in den 1960er Jahren in ihren wichtigen politischen Kampf für die Gleichstellung auf allen Ebenen der Gesellschaft und der Familie und hatte auch in anderen Teilen der Welt große Auswirkungen. Der Kampf geht noch immer weiter und das zu Recht.

Weder die Frauenrechtsbewegungen noch die radikaleren feministischen Bewegungen haben besonderes Augenmerk auf die vielen Effekte der Unterdrückung auf individueller und existenzieller Ebene gelegt, doch diese Auswirkungen wurden von vielen Autorinnen und Autoren in Autobiographien, Romanen, Gedichten, Dokumentationen, Filmen und so weiter beschrieben. Die einzelne Frau und ihr Selbstbild wurde vor allem öffentlich diskutiert, wenn Journalisten versuchten, die Gründe dafür zu analysieren, warum sich relativ gesehen so wenig Frauen auf hohe Positionen bewerben, sich also selbst unten und von Macht und Einfluss getrennt halten.

Als Trainer und Psychotherapeut bin ich meistens mit den Schwierigkeiten konfrontiert gewesen, die viele junge Frauen auf einer viel existenzielleren Ebene haben, nämlich wenn es um die Art und Weise geht, wie sie sich zu sich selbst und zu ihren Nächsten und Liebsten – Kindern, Partnern und Eltern – verhalten. Ich habe keinen Zweifel daran, dass dies aufgrund der politischen, sozialen und religiösen Unterdrückung passiert, aber diese Tatsache allein bietet nicht viel mehr als eine gute Erklärung.

Auch wenn einige Elemente des Phänomens, das Frauen und Mütter in der Entfaltung ihres vollen menschlichen und zwischenmenschlichen Potenzials behindert, in einem sozialen und politischen Kontext einfach zu erklären sind, gelten diese auch für Männer, wenn auch aus anderen Gründen, worauf ich später noch zurückkommen werde.

Wie ich bereits erwähnt habe, irritiert es mich oft, wenn ich Beschreibungen von Frauen und Müttern in der Tagespresse und auch in ernsthafteren Medien lese. Der Grund dafür ist, dass sie als isolierte Individuen beschrieben werden, als ob ihr Verhalten und ihre Unzulänglichkeiten eher Persönlichkeitsmerkmale als soziale beziehungsweise systemische Reaktionen wären.

Es mag mit Sigmund Freud begonnen haben und seinen Beschreibungen der „Mutterfixierung", die auf eine ungesunde emotionale Abhängigkeit zwischen Müttern und Söhnen hindeutet, und des „Ödipuskomplexes", der sexuell motivierte Emotionen von Söhnen gegenüber ihren Müttern beschreibt. So wie es für jeden von uns gilt, ist Freuds Perspektive und Analyse teilweise geprägt von der Kultur und den Familienmustern seiner Zeit. Das heißt, dass seine Beobachtungen, obwohl sie zu seiner Zeit gestimmt haben mögen, heute nicht unbedingt stimmen müssen, und wir wissen inzwischen so viel mehr über Familienpsychologie und Systemtheorie.

Heute können wir leicht feststellen, dass „Mutterfixierung", obwohl sie noch immer vorhanden ist (daher auch das Titelblatt des Time Magazine), ein Ergebnis der väterlichen Abwesenheit ist, also der physischen und emotionalen Abwesenheit der Männer und Väter in ihren Partnerschaften und in den Beziehungen zu ihren Kindern. Das bedeutet, dass sich eine ungesunde Nähe und gegenseitige Abhängigkeit zwischen Mutter und Kind nur entwickeln kann, wenn die Beziehung zwischen Mann und Frau unzulänglich ist, weil der Mann nicht an seinem Platz ist.

Wenn Sie folglich Müttern vorwerfen wollen, dass sie sich auf der Suche nach emotionaler Erfüllung an ihre Kinder wenden, und dabei etwas dubiose Behauptungen aufstellen, ermutigen Sie diese Mütter doch einfach, ihre Bedürfnisse als Frauen ernst zu nehmen und ihre männlichen Partner aufzurütteln. Es ist Zeit, das alte Sprichwort umzuformulieren, von „Kein Mensch ist eine Insel" zu „Kein Mensch – auch kein weiblicher Mensch – ist eine Insel".

Die Einsamkeit von Frauen und Müttern ist auch in heutigen Familien offensichtlich, und alles, was aus ihr resultiert, ist, dass Kinder entweder übermäßig beschützt und verwöhnt oder vernachlässigt und überfordert werden. Sie führt auch dazu, dass junge Mädchen wie ihre Mütter geprägt werden und dass Jungen verwirrt und allein in einer weiblich dominierten Kultur ohne männliches Vorbild aufwachsen, was es für sie wiederum schwierig macht, erwachsen zu werden und zu reifen, und so sind sie prädestiniert, die Fehler ihrer Väter zu wiederholen.

Die gute Seite daran ist – aus weiblicher Sicht –, dass Frauen und Mütter oftmals weiser sind als ihre männlichen Partner. Weil sie so viel mehr Zeit mit ihren Kindern verbringen, erlangen sie größere Lebensweisheit. Unglücklicherweise für beide Seiten haben einige Frauen aber ein Kommunikationsproblem, das es ihnen erschwert, ihre Weisheit in einladender und inspirierender Weise zu vermitteln. Stattdessen schrecken sie ihre Partner ab durch Kritik und Schuldzuweisungen dafür, dass diese Dinge nicht tun, auf die sie oft nicht vorbereitet sind. Wenn wir uns das Gleichgewicht zwischen Männern und Frauen wie eine Wippe vorstellen, sind die Männer oben in punkto Geld und Macht und unten in Bezug auf Weisheit und Lebenskompetenz. Der erste Unterschied gleicht sich langsam aus. Das zweite Ungleichgewicht hat gerade erst begonnen, sich zu verlagern, indem immer mehr Männer sich dafür entscheiden, engagierte und involvierte Väter zu sein, und zwar um ihrer selbst willen und nicht nur, um ihren Frauen zu gefallen.

Frauen und Mütter aus dieser systemischen Perspektive heraus zu betrachten, kann auf den ersten Blick ein bisschen düster wirken, und es motiviert eine wachsende Anzahl von Frauen sogar dazu, auf die Gründung einer Familie zu verzichten. So einfach das auch ist; wenn man es nachvollzieht, ist es auch bedauernswert, denn die persönliche Entwicklung auf einer existenziellen Ebene ist viel leichter innerhalb einer festen Beziehung mit Kindern und einem anderen Erwachsenen. Der Unterschied ist, dass eine Gesellschaft zu verändern, eine überwältigende intellektuelle und politische Herausforderung ist, während sein eigenes Verhalten zu ändern, eine große emotionale Herausforderung ist. Mit einfach meine ich nicht, emotional oder moralisch einfach, nur einfacher, als das Gleichgewicht einer ganzen Kultur anzustoßen, obwohl der interaktive Prozess zwischen Kultur und Individuum in beide Richtungen geht und das manchmal auf überraschende Weise.

Basierend auf meinen Erfahrungen als Familien-, Gruppen- und Paartherapeut entscheide ich mich dafür, das Verhalten von Frauen und Müttern in dem Kontext, in dem sie aufgewachsen sind und in dem sie leben, zu sehen, anzuerkennen und zu bewerten. Eine individuelle Perspektive macht für mich keinen Sinn, wenn ich die Realität betrachte.

Die Angst vor Egozentrik

Seit ich als Psychotherapeut zu arbeiten begonnen habe und egal innerhalb welcher sozialen Gruppe, habe ich immer wieder die gleiche Erfahrung gemacht. Wann immer eine frustrierte, unglückliche und unzufriedene Frau anfing, ihr wahres Selbst zu entdecken, wurde sie von der Angst überwältigt, egozentrisch zu sein oder als egozentrisch abgestempelt zu werden, und es vergingen Momente, Tage, Wochen und manchmal sogar Jahre, in denen diese Angst stärker war als der Wunsch, sich besser zu fühlen. Für Frauen wurden Liebe und korrektes soziales Verhalten einfach als das, was wir „die Kunst der vollständigen Selbstaufopferung" nennen könnten, definiert. Es besteht kein Zweifel, dass diese Definition sowohl von Männern kommt als auch aus einer sehr frühen Festlegung von männlichen und weiblichen Rollen als Basis für das Überleben der Menschheit. Politik und Religion haben ebenfalls ihre schmutzigen Hände im Spiel. Die Tatsache, dass Frauen seit mehr als einem Jahrhundert gegen dieses Paradigma gekämpft haben, und der Umstand, dass im Besonderen die katholische Kirche ihre moralische Integrität und Überlegenheit verloren hat, machen Platz für ein neues Paradigma. Interessanterweise ist dieses neue Paradigma sehr nah an einem grundlegenden sozialen Gebot des Christentums: Du sollst Deinen Nächsten lieben wie Dich selbst! Unsere Fähigkeit, andere zu lieben, hängt davon ab, inwieweit wir uns selbst lieben können. Leider waren fast alle Theologen Männer, die an der Macht der Definition festhielten und dieses Gebot komplett anders interpretierten.

Ein großer Teil des aktuellen Problems ist natürlich mangelnde Übung. Innerhalb der männlich dominierten Machtstrukturen war es für Frauen nie möglich, nein zu sagen und ihre persönlichen Bedürfnisse, Werte und Grenzen auszudrücken, das heißt, ihre persönliche Integrität mit Klarheit und Stolz zu definieren. Aus sozialökonomischen Gründen mussten sie Einsamkeit und Minderwertigkeit erdulden, ansonsten waren sie der Angst ausgesetzt, ausgegrenzt und verlassen zu werden. Eine ungehorsame Frau kann weder eine gute Partnerin noch eine gute Mutter sein! Kein Wunder, dass diese Vergangenheit sich nicht so leicht auswaschen lässt wie das Haarfärbemittel der letzten Woche.

Wenn es um Mutterschaft geht, lässt sich leicht erklären, warum sie oft in Selbstaufopferung endet. Diese ist eine Grundvoraussetzung, um das Überleben eines Kindes zu ermöglichen – aber nur in den ersten 18 Monaten! Danach ist es Zeit, dass Sie Ihre eigenen Grenzen und Bedürfnisse wieder einfordern und – was noch wichtiger ist – dass Sie diese noch besser kennen lernen in der Entwicklung der Beziehung zu Ihrem Kind. Das gleiche gilt in der Liebebeziehung zu einem Mann. Wenn Sie jung und wirklich Hals über Kopf verliebt sind, werden Sie Teile Ihrer Integrität für die Illusion des „wir" opfern und für die absolute, freudige Erfahrung der Symbiose und der Verschmelzung. Wenn die massive Präsenz von Hormonen langsam abnimmt, stehen Frauen vor der großen Frage: Kann ich diesen Mann auch lieben und eine Art Koexistenz entwickeln, in der nicht nur jeder von uns genug Raum hat, zu sein, wer er ist, sondern auch Raum, um in seiner Individualität zu wachsen und diese weiter zu entwickeln? Das ist das neue Paradigma der Ehe. Davon hängt auch das Wohl unserer Kinder ab. Sie brauchen genau diese Art von Lebensbedingungen, und sie brauchen Vorbilder, um zu lernen, wie man auf eine Weise lieben kann, die nicht selbstzerstörerisch ist.

Es gibt einige wirklich egozentrische Menschen unter uns, aber die sind alle vernachlässigt und unglücklich und stellen keine Bedrohung für die Gesellschaft dar. Das sind sehr einsame Menschen ohne Empathie, und sie wissen nur, wie sie andere missbrauchen können. Ich bin davon überzeugt, dass 90 Prozent aller jungen Frauen sich selbst im Spiegel anschauen und feststellen können, dass sie nicht egozentrisch sind. (Statistisch gesehen sind rund 10 Prozent aller Kinder Opfer von schwerer Vernachlässigung und Missbrauch und viele von ihnen verlieren ihren Sinn für Empathie.) Es gab eine Zeit, in der viele Mütter narzisstisch waren, oder besser gesagt, ein narzisstisches Verhalten als Symptom der Einsamkeit in ihren Partnerschaften entwickelten. Indem die Macht der Frauen zunahm und die Ausweitung ihrer sozialen Möglichkeiten voranschritt, ging dieses bestimmte Symptom zurück, und es ist heute meist nur bei Frauen von etwa 60 bis 70 Jahren zu finden.

Die Angst vor gesunder Individualität und die Macht, diese als „Egozentrik" zu definieren, ist ein Markenzeichen aller autoritären Regime und der fundamentalistischen Auslegungen von Religion. Das kommt weder aus einer Einsicht in Psychologie oder existenzielle Aspekte des menschlichen Lebens noch von einem Verständnis davon, was wirklich gut für Menschen ist. Es kommt nur aus dem Wunsch, die Kontrolle und absolute Macht über andere Menschen zu besitzen – sowohl über kleine als auch über erwachsene. Neben Gehorsam und Konformität produziert so etwas nur Schuld und Scham, die in der klinischen Psychologie als die beiden selbstzerstörerischsten Gefühle angesehen werden, an denen wir leiden können. Sie sitzen tief in jedem Drogensüchtigen, jedem Alkoholiker, in jeder Essstörung, in jedem jungen Menschen, der sich selbst verletzt, und in jeder misshandelten Frau. Diese Tatsache bedeutet auch, dass Sie von keiner Autorität in Ihrem Leben erwarten können, Sie frei von Schuld zu machen – es sei denn, Sie missachten die Befehlskette und kommunizieren direkt mit Gott. Sie müssen es selbst tun und dabei mögliche Anschuldigungen riskieren – vor allem die anderer Frauen, die noch immer die Sicherheit der Konformität bevorzugen.

Woran fehlt es?

Die Art der selbstzerstörerischen Liebe, die so viele Frauen leben, ist mit einem sehr hohen Preis verbunden. Zunächst und ganz entscheidend für die Frauen selbst, die mit ihrer psychischen und physischen Gesundheit und letztlich dysfunktionalen Beziehungen und Einsamkeit bezahlen. Die Belohnungen der Selbstaufopferung existieren nur in ihrer Phantasie, und ihre Enttäuschung ist selbstverschuldet. Letztendlich werden sie für ihre Opfer verantwortlich gemacht, und ihre Nächsten können weder ihrem hohen Standard gerecht werden noch der Schuld entkommen, die dann noch an die nächste Generation weitergegeben wird. Ihre Kinder könnten in der Lage sein, diesen Teufelskreis zu stoppen, wenn sie den Mut und die persönliche Integrität haben, dies zu tun, indem sie ihrer Mutter nicht die gleiche nutzlose Währung zurückzahlen. Wenn nicht, ist der Bankrott der moralischen Integrität und der gesunden Beziehungen die einzige Folge.

Wann immer ich die Möglichkeit habe, Frauen zu beobachten, wenn sie mit engen Freundinnen zusammen sind, wenn sie ihren Beruf ausüben, in einem Chor singen, ihr Kind verteidigen oder einkaufen gehen, erscheinen sie mir wie starke, schöne und selbstbewusste Tigerinnen. Sobald aber ihre Ehepartner, Freunde oder Kinder in den Raum kommen, beginnen sie, sich wie Hauskätzchen zu benehmen, und werden entweder Opfer oder unausstehliche Kontrollfreaks, die andere zum Opfer machen.

Ich würde gerne wissen, warum das immer wieder geschieht? Viele Frauen haben versucht, das Geheimnis zu lüften, aber entweder bin ich zu einfältig, es zu verstehen, oder einfach nicht qualifiziert aufgrund meines Geschlechts. Was auch immer der Grund ist, ich tappe noch immer im Dunkeln, wenn es um dieses offensichtliche Mysterium geht. Die einzige Erklärung, die mir einfällt, ist, dass ihre männlichen Partner keine Ahnung haben, uninteressiert sind (oder beides) oder vor der wundervollen Kraft ihrer Partnerinnen Angst haben und deshalb die Frauen nicht einladen und ermutigen, dieser Kraft in der Partnerschaft Präsenz zu geben. Es gehören immer zwei dazu, wie das Sprichwort sagt.

Viel zu viele Mütter werden von ihren Kindern überrannt, weil sie nicht in der Lage sind, ihre eigene Existenz ernst zu nehmen, oder weil sie entweder Opfer werden oder eine Tugend aus ihrer Unfähigkeit machen und sich dafür entscheiden, übermäßig beschützende, bedienende, betreuende und kontrollierende Mütter zu werden, überzeugt davon, dass es das ist, was ihre Kinder brauchen. Das ist im besten Fall eine selbstzerstörerische Projektion und im schlimmsten Fall überträgt sich diese Unfähigkeit auf ihre Kinder, die keine andere Wahl haben, als zu glauben, dass das wahre Liebe ist. Ein großer Prozentsatz dieser Kinder entwickelt eine so genannte „erlernte Hilflosigkeit", und eine weitere große Gruppe rebelliert und riskiert dadurch Diagnose, Medikation und Therapie. Das geschieht selten in Familien, in denen die Männer präsent und als Partner aktiv sind und eine angemessene Bindung zu ihren Kindern aufgebaut haben.

In diesem Prozess entfremden sich die Frauen natürlich von ihren männlichen Partnern, welche ihre darauf folgende Einsamkeit verdient haben, da sie nicht eingegriffen und die Illusion zerstört haben. Auf diese Weise wird mütterliche Liebe manchmal zu einem zweifelhaften Geschenk mit wenig oder keinem Nährwert. Aber noch einmal: Es gibt keinen Grund, die Mütter schuldig zu sprechen, sondern nur die Notwendigkeit, darauf hinzuweisen, dass es Grenzen gibt für ihre Weisheit und ihre Fähigkeiten, wenn sie allein gelassen werden. Diese Mütter sowie alle alleinerziehenden Mütter und ihre Kinder würden enorm profitieren, wenn sie mehr über sich selbst lernen könnten und die Möglichkeit bekämen, ihre persönlichen Grenzen und Bedürfnisse zu definieren. Nur auf diese Weise werden sie in der Lage sein, gesunde Beziehungen zu ihren Kindern aufzubauen, die im Gegenzug ebenfalls wachsen und gedeihen können durch die zusätzliche Unabhängigkeit (die Jungen) und durch ein gutes, verlässliches Vorbild (die Mädchen).

Die Jungen würden lernen, Mädchen und Frauen zu respektieren, und die Mädchen würden erfahren, dass es in Ordnung ist und sogar liebevolles Verhalten, nein zu sagen und für die persönliche Integrität Sorge zu tragen.

In heutigen Gesellschaften kann dieses Gleichgewicht sehr schwer zu finden sein. Vielleicht müssen oder wollen Sie als Frau arbeiten gehen, während Sie gleichzeitig von den Medien mit Forderungen bombardiert werden, mehr Zeit mit Ihren Kindern zu verbringen. Oder Sie und Ihr Partner wählen einen traditionelleren Lebensstil, bei dem Sie zu Hause mit den Kindern sein können, während Ihr Partner lange Arbeitszeiten auf sich nimmt, um die Familie zu ernähren. In beiden Szenarien ist die Wahrscheinlichkeit groß, dass Sie am Ende mit dem Gefühl dastehen, eine alleinerziehende Mutter zu sein, weil alle Verantwortung für die Kinder auf Ihren Schultern lastet. Manche Frauen gedeihen dabei, und andere kommen damit gerade noch klar. Doch in der Mehrheit baut sich langsam eine Zeitbombe an Frustration und Einsamkeit auf, die schließlich zu emotionaler Armut und/oder Trennung führt. Bevor dies geschieht, macht es vielleicht Sinn, sich ins Gedächtnis zu rufen, dass sich gut um sich selber und um die Paarbeziehung zu kümmern, das wertvollste Geschenk ist, das Sie Ihren Kindern geben können. Ihre Integrität zu opfern, ist keine Liebe, es ist nur ein Opfer und es beeinflusst alle Mitglieder einer Familie in einer negativen Weise, auch wenn Sie es aus Liebe tun.

Für uns alle – Erwachsene sowie Kinder – sieht die Wirklichkeit so aus, dass wir in der Lage sein müssen, persönliche Entscheidungen auf der Basis dessen zu treffen, wer wir sind (obwohl wir dazu erzogen wurden, das Gegenteil zu glauben). Zufällig geht das konform mit dem, was wir über die Entwicklung des Selbstwertes, über stabile geistige Gesundheit und über qualitätsvolle Beziehungen, die auf gegenseitiger Liebe und Respekt basieren, wissen. Frauen haben in nur einer Generation einen langen Weg zurückgelegt, aber als Mütter und Partnerinnen scheint die traditionelle Definition von Liebe und Fürsorge sie auszubremsen. Eine ähnliche Aussage könnte über Männer und Väter gemacht werden, und deshalb würden Paare und ihre Kinder enorm von einem Austausch von Gedanken, Erfahrungen und Gefühlen rund um zentrale Themen wie persönliche Integrität, Schuld und Aufopferung profitieren. Das Geheimnis erfolgreicher Beziehungen mit Partnern und Kindern ist nicht so sehr, was wir tun, sondern wie und warum wir es tun. In unseren Herkunftsfamilien lernen wir eine erste Version davon, wie man liebt. Unsere eigene Familie steckt voller Möglichkeiten, eine zweite und sogar dritte Version davon zu entwickeln.

Persönliche Integrität

Nachdem ich beschrieben habe, was sich meiner Ansicht nach als die beiden selbstzerstörerischsten Faktoren im Selbstbild von Frauen und in ihren Versuchen, als Mütter und Partnerinnen zu überleben, identifizieren lässt, möchte ich meine Auffassung von persönlicher Integrität beschreiben. Nach dem Ersten Weltkrieg haben wir einen gesunden Respekt für die nationale, religiöse und politische Integrität von Staaten und Völkern entwickelt. Dieser wurde zu einem führenden Paradigma, das darauf zielte, das Recht des Stärkeren zu ersetzen. Unser Verständnis von und unser Respekt für die persönliche Integrität eines jeden Menschen befinden sich nach wie vor in einer (quälend langsamen) Entwicklung, das Thema ist aber teilweise schon gut definiert in der UN-Menschenrechtskommission sowie in der Charta der Kinderrechte, die beide nach und nach von einer Mehrheit der Nationen aufgenommen werden.

Auf einem der frühen Banner der Frauenbewegung stand „Das Recht NEIN zu sagen!", was im Grunde als das Recht verstanden werden kann, aus dem erwarteten Rollenbild herauszutreten und zu sexuellem Gebrauch und Missbrauch nein zu sagen. In einer anderen Terminologie bedeutete dies das Recht, als „Subjekt" (also als wirkliche Person) statt als Objekt behandelt zu werden, das manipuliert, herumgestoßen und nach dem Willen von Männern missbraucht werden kann. Das ist im Grunde genommen das gleiche Prinzip, das wir nun versuchen, in den Beziehun-

gen zwischen Erwachsenen und Kindern umzuset-
zen: eine Subjekt-Subjekt-Beziehung, die mit gleicher
Würde auf beiden Seiten gelebt wird.

Frauen als Objekte zu sehen, ist immer noch die
Regel und in den meisten Ländern und Kulturen tief
verwurzelt. Sollten Sie Zweifel daran haben, werfen
Sie einen Blick auf die erschreckende Zahl von sexuellen Nötigungen und Vergewaltigungen in den USA
und in anderen Ländern, auf die Anzahl der misshandelten Frauen in den meisten westlichen Gesellschaften und auf den dramatischen Anstieg des Menschen-
handels, der zwar von primitiven Männern angeführt
werden mag, aber nur deswegen existiert, weil es
genug primitive Männer auf der anderen Seite der
Grenze gibt, die eine profitable Gruppe von Kunden
darstellen.

Es ist interessant und äußerst widersprüchlich
zu dem, was wir als das Interesse jeder Frau anse-
hen, dass auch Frauen dabei mitmachen, Kinder zu
Objekten zu machen. Bereitwillig kaufen sie unter
dem gefälschten Namen „Adoption" Neugeborene
von Armen und von oft unter Anwendung von Gewalt geschwängerten Müttern. Sie und ihre Ehemänner kaufen bereitwillig Organe von Kindern, die dafür operiert und im Namen des Profits sogar getötet
werden, und erstaunlich viele Mütter verschließen
die Augen vor dem sexuellen Missbrauch ihrer Kinder durch ihre Ehemänner und Liebhaber. Noch viel
mehr akzeptieren sowohl physische als auch verbale
Misshandlungen ihrer Kinder im Namen der Liebe,
für guten Sex oder für gutes Geld.

Dennoch scheinen sich die Dinge in die richtige Richtung zu entwickeln: Respekt für die persönliche Integrität von Frauen. Das erfordert natürlich ein gutes Stück an Selbstachtung von Seiten der Frauen, und schlechtes Gewissen, Schuld und Scham sind alle Gift für die Selbstachtung, es sei denn, Frauen realisieren, dass diese Gefühle nicht angeboren sind, sondern dass sie ihnen lediglich von einer Kultur aufgezwungen wurden, die immer noch ungebildet in Bezug auf menschliche Würde und Menschenrechte ist.

Persönliche Integrität besteht aus den persönlichen Grenzen, Werten und Gefühlen jedes einzelnen Menschen. Das Recht auf Ruhe, wenn wir erschöpft sind. Das Recht, zu lieben und aufmerksam zu sein, wenn wir dies wollen. Das Recht, nein zu sagen. Das Recht, für unsere Werte einzustehen und zu kämpfen. Das Recht, zu weinen, wenn wir traurig sind, und zu schreien, wenn wir wütend sind. Das Recht, unsere Träume und Sehnsüchte zu erfüllen.

Das sind natürlich die Rechte aller Menschen. Ich habe das in dem Essay „Wollen wir wirklich starke und gesunde Kinder?" beschrieben, in dem es um die Rechte der Kinder geht, und in meinem Buch „Mann und Vater sein" beschreibe ich die historische Erniedrigung und Misshandlung von Männern.

Wenn es um Frauen und Mütter geht, glaube ich, dass das Schlüsselwort *persönliche Grenzen* heißt. Das ist es zumindest, was ich täglich erlebe, wenn ich Mütter und Kinder zusammen sehe und wenn ich höre, wie Frauen über ihre Rolle als Mutter sprechen.

Ich sehe Mütter, die nicht in der Lage sind, ihre persönlichen Grenzen zu definieren und auszudrücken. Dabei sind sie oft so frustriert, dass sie wissen wollen, wie sie Grenzen für ihre Kinder setzen sollen – als ob Regeln für Kinder persönliche Grenzen ersetzen könnten. Die Logik hinter diesem Denken scheint zwei Ursprünge zu haben. Der eine ist die alte Idee, dass Kinder Grenzen (in Form von festen und konsequent ausgeführten Regeln) brauchen. Der andere Ursprung liegt darin, dass es für diese Frauen einfacher zu sein scheint, zu verlangen, dass Regeln ernst genommen werden, als zu fordern, dass sie selbst ernst genommen werden.

Was wirklich mit den netten Mädchen passiert

Da Frauen nie echt und sich selbst treu sein durften, wurden sie in die Rolle des netten Mädchens gezwungen und manipuliert, das heißt, sie sollten höflich, ruhig, gehorsam, dienend, liebenswert, süß, weich, dezent sexy und wohl erzogen sein, und auch heute noch folgen eine Menge junger Mädchen und Frauen diesem Aufruf. Diese Mädchen sind begehrt auf dem Heiratsmarkt und beliebt als Sekretärinnen, Krankenschwestern, Lehrerinnen, Verkäuferinnen, Kellnerinnen und TV-Moderatorinnen. Vorschullehrer, Lehrer und Universitätsprofessoren lieben diese Mädchen, weil sie so „unkompliziert" im Umgang sind, – immer eifrig bemüht, allen zu gefallen.

All diese Persönlichkeitsmerkmale sind im Prinzip in Ordnung und zerstören weder die eigene Lebensqualität noch enge Beziehungen. Umsichtig angewandt erweitern sie sogar die Möglichkeiten, die wir im Umgang mit unseren Mitmenschen und auf dem Arbeitsmarkt haben. Die negativen Folgen treten nur dann auf, wenn wir keine andere Wahl haben. Wenn wir nicht wählen können, wann wir nett, höflich und sozial sind und wann wir wirklich wir selbst, authentisch und präsent sind – drei Eigenschaften, die den Kern von nahen, auf Liebe basierenden Beziehungen bilden und die eine Voraussetzung für die körperliche, emotionale und seelische Gesundheit des Einzelnen sind.

Die Welt verändert sich und so auch unsere Werte, und während die Welt auf eine Katastrophe zuzusteuern scheint, tragen unsere mit dem neuen Paradigma verknüpften Werte zu besseren und gesünderen Beziehungen bei. Sie waren schon immer ein nahezu verborgener Teil unserer vererbten Weisheit, und Disziplinen wie Psychotherapie, Familientherapie und Psychiatrie haben diesen Zusammenhang immer bestätigt. Es ist nun Zeit für Frauen und Mütter, diese Werte anzunehmen, zu wachsen und ihr Potenzial zu entfalten.

Nur eine Generation zuvor sind wir diesen netten Mädchen begegnet, als sie 40 geworden sind und ihre Rolle angefangen hatte, weh zu tun und ihr Sein zu beeinträchtigen. Heute treffen wir sie in der Jugendpsychiatrie, bei Schulpsychologen und in den Sprechstunden der Hausärzte. Sie fühlen sich verloren, unfähig, die Erwartungen von Familie und Gesellschaft zu erfüllen, und ihre Lebenskompetenz ist eingeschränkt. Das macht sie traurig und unglücklich, was leider oft mit einer klinischen Depression verwechselt wird, und dann bekommen sie Medikamente, oft die gleichen, die auch ihre Mütter nehmen. Wenn die erwarteten positiven Wirkungen dieser Medikamente nicht wie vorhergesagt nach drei bis fünf Wochen eintreten, fühlen sie sich noch schlimmer und beginnen, an Selbstmord zu denken, oder sie wählen einen anderen der vielen selbstzerstörerischen Pfade, die verfügbar sind. Tatsache ist, dass diese Mädchen meistens eine existenzielle Krise aufgrund ihres eingeschränkten und ungesunden Rollenbildes erleben, und sie sollten ermutigt werden, daraus auszubrechen, statt wieder zu versuchen, sich zu fügen und anzupassen. Sie haben gewissenhaft und mit einer enormen Verantwortung versucht, nach dem Skript zu leben, das wohlmeinende Eltern und Lehrer – ihre beiden wichtigsten Quellen für Anleitung und Feedback – für sie geschrieben haben. Jetzt verdienen sie unsere Unterstützung bei dem Versuch, ihr eigenes Skript zu schreiben.

„Was willst *Du?*" ist dabei die hilfreichste Frage, so wie „Was will *ich* wirklich?" der Schlüssel zu einem besseren und erfüllteren Leben für ihre Mütter ist. Diese Fragen führen weder zu asozialem Individualismus noch zu Egozentrik. Sie könnten zu Konflikten mit Autoritäten führen, denen es gefallen hat und die damit zufrieden waren, wie diese Frauen vorher waren, und die es daher vorziehen, sie zu diagnostizieren, wenn sie vom Skript abweichen, statt sich zu freuen über ihren tiefen Wunsch, auf ihrem eigenen Boden zu wachsen und zu blühen. Dann wiederum könnte dieses Durcheinander genau das sein, was sich als ein Geschenk für beide Partner und für die Kinder herausstellen wird. Fast jeden Tag treffe ich Frauen, die eine Trennung von ihrem Partner erwägen, und obwohl das tatsächlich manchmal die beste Lösung für alle sein kann, ist es auch klar, dass es für viele dieser Frauen und deren Familien die klügere Wahl wäre, sich stattdessen von der von ihnen adaptierten Rolle der Gefälligen zu trennen.

Frauen sind nicht immer nett zueinander, und wir sehen viele Mütter, die aggressiv versuchen, ihre erwachsenen Töchter an der Leine zu halten und deren

Leben zu bestimmen. Ihre persönlichen Grenzen zu definieren und darauf zu bestehen, dass diese eingehalten werden – auch von Ihrer Mutter oder Ihrer Schwiegermutter –, ist ein naheliegender erster Schritt zu einem besseren Leben. Oftmals kennen diese Mütter nichts anderes, als entweder nett zu sein oder gemein und pathetisch. Beziehungskrisen mit ihren Töchtern sind vielleicht genau das, was sie benötigen, um ein bisschen tiefer in ihrem eigenen Leben zu graben und dadurch eine zweite Chance zu bekommen. Sie müssen nicht aufhören, Ihre Mutter zu lieben, aber lassen Sie nicht zu, dass die Liebe zu ihr Sie daran hindert, Ihr eigenes Leben zu verbessern. Niemand würde Ihnen jemals dafür danken, und letztendlich würde es die Liebe töten, die Sie einst für Ihre Mutter empfunden haben. Ich habe genug Frauen getroffen, um zu wissen, dass das, was ich hier beschreibe, eine schwere Entscheidung ist, aber glücklicherweise ist es Ihre Entscheidung.

Nette Mädchen haben oft viel Selbstvertrauen, weil sie viel positives Feedback, gute Noten, Lob und Ermutigung bekommen. Sie haben jedoch ein geringes Selbstwertgefühl, weil niemand je daran interessiert war, wer sie wirklich sind. Als Mutter können Sie Ihren Töchtern in vielerlei Weise helfen, um zu verhindern, dass das „Nette-Mädchen-Syndrom" deren Leben übernimmt. Versuchen Sie nicht, sie nach Ihrem Wunschbild zu formen, sondern hören Sie ihnen zu, lernen Sie sie wirklich kennen und lieben Sie sie dafür, wer sie sind. Sagen Sie ihnen, dass, auch wenn positives Feedback sich gut anfühlt und negatives schlecht, niemand das Recht hat, sie zu definieren. Nur die Töchter selbst haben dieses Recht, und Sie können ihre vielen Versuchen, die konstruktivste Balance zwischen Anpassung und Individualität zu finden, unterstützen. Die Fähigkeit sich anzupassen ist wichtig für unser aller Leben, egal wie alt wir sind, aber wenn man keine Verbindung zu sich selbst hat, führt das nur zu Leid und Elend.

Die entscheidende Frage ist natürlich, ob es möglich ist, sich selbst treu zu bleiben und dabei immer noch gute Noten zu bekommen und von anderen Menschen gemocht zu werden. Basierend auf unseren Erfahrungen ist die Antwort ein klares JA! Ein fünf, sieben oder vierzehn Jahre altes Kind wird für seine Fähigkeit, ausgewogen und selbstbewusst zu handeln, bewundert und beneidet. Als erwachsene Frau werden Sie vielleicht erleben, dass einige Ihrer Freunde Ihnen den Rücken zukehren, und das Gleiche könnte Ihnen mit einem Ihrer Geschwister oder deren Ehepartnern passieren. Das ist deren Verlust. Beliebt zu sein und gemocht zu werden, ist einfach. Mit sich selbst zufrieden zu sein und sich selbst zu mögen, ist viel schwerer. Ihr Partner wird es vielleicht schwieriger und herausfordernder finden, mit Ihnen zu leben, als zu der Zeit, als Sie beide sich kennengelernt haben – das ist seine Chance, zu wachsen und Ihre gemeinsame Beziehung zu verbessern. Ihre Kinder werden anfänglich vielleicht ein bisschen verwirrt sein, aber bald werden sie Sie bewundern und Ihren Rat suchen.

Um zu viel destruktiven und Energie verbrauchenden Streit mit den Menschen um Sie herum zu vermeiden, denken Sie daran, dass niemand die Schuld für Ihre Lage trägt. Die anderen wussten es auch nicht besser, genau wie Sie. Von dem Moment an, als Sie zum ersten Mal einen Blick erhascht haben auf die Möglichkeit, Ihre Lebensqualität und Ihre Gesundheit zu verbessern, ist die Verantwortung auf Sie übergegangen. Das ist ein einsamer Ort, und das Abwägen der Vor- und Nachteile ist Ihr Privileg.

Männer & Väter

Es gibt verschiedene Gründe, warum ich mich dafür entschieden habe, in einem Essay, der im Wesentlichen von Frauen handelt, auch etwas über Männer zu schreiben. Ein Grund ist, dass Frauen ihre eigene Existenz und Identität noch immer in Beziehung zu und Reaktion auf Männer und männliche Vorstellungen davon, wie Frauen zu sein und sich zu benehmen haben, definieren. Ein anderer ist, dass ich dem Wunsch der Männer, ihre Rollen zu verändern, gern Antrieb geben würde – ich weiß, dass dieser Wunsch bei vielen jungen Männern, Ehemännern und Vätern existiert. Der dritte Grund ist, dass ich hoffe, einige Missverständnisse aufklären zu können.

Wenn man, wie ich es in diesem Essay tue, Frauen und Männer in Kategorien aufteilt, bedeutet das natürlich, dass man eine Vielzahl von Nuancen und Komplexitäten weglässt, und es ist daher angebracht, zu erwähnen, dass wir alle menschliche Wesen sind und viele existentielle Phänomene gemeinsam haben.

Während unserer gesamten bisherigen Geschichte haben sich Männer entweder auf die Rolle als Versorger ihrer Frauen und Kinder – und auch ihrer Eltern, wenn diese sich nicht mehr selbst versorgen konnten – vorbereitet oder sie haben diese Rolle gelebt. Diese Rolle war genau so selbstverständlich und in Stein gemeißelt wie es die Rolle der Hausfrau und Mutter für die Frauen war. Wir sind uns alle im Klaren darüber, dass Männer es geschafft haben, einen

Großteil der politischen, ökonomischen und sozialen Macht zu erlangen und für sich zu behalten. Folglich waren sie verantwortlich für die Unterdrückung von Frauen, und sie sind es in vieler Hinsicht noch immer.

In Skandinavien hatte meine Generation die verrückte Idee, Väter vollständig in ihre Familien zu integrieren. Sie sollten mitmachen bei den Aufgaben und Verantwortlichkeiten, die damit einhergehen, emotional präsent zu sein und sich die Fürsorge für die Kinder zu teilen. Seit dieser Zeit hat sich die Auffassung davon, was eine Familie ist oder sein sollte, grundlegend geändert. Ich habe diese Idee „verrückt" genannt, weil Väter bis dahin nie wirklich in ihre Familien integriert waren. Als „Oberhaupt der Familie" waren sie zwar an der Macht, doch am Familienleben nahmen sie nur peripher teil. Ihre Rolle als Versorger bewirkte, dass sie 90 Prozent der Zeit, in der ihre Kinder wach waren, nicht zu Hause waren. Wenn sie nach Hause kamen, bestand ihre Rolle oft darin, Bestrafung auszuüben oder – wenn sie Glück hatten – als Spielkameraden für ihre kleinen und als Lehrer für ihre größeren Kinder zu fungieren. Ihre einzige und eher dürftige Belohnung war es, dankbare und unterwürfige Frauen und gehorsame Kinder zu haben. Wenn das alles ist, entstehen daraus eine Einsamkeit und eine Isolation, die in ihrem Ausmaß für Frauen schwer vorstellbar sein kann.

Seit Beginn des industriellen Zeitalters, in dem die menschliche Würde komplett missachtet wurde, hat die große Mehrheit der Männer sehr darunter gelitten, dass ihr emotionales und existentielles Wohlergehen erniedrigt und missachtet wurde. Sie wurden als Menschen verkrüppelt und gedemütigt, um als Versorger produzieren und überleben zu können. Das Ergebnis war, dass viele zur Flasche griffen, zu Hause gewalttätig wurden und relativ jung starben. Nur die Vereine und die Uniformen gaben ihnen ein Gefühl von Stolz und Wert.

Auch wenn die Geschichte der Frauen in vieler Hinsicht ähnlich verlaufen ist wie die der Männer, unterscheidet sie sich doch sehr. Frauen haben Zuflucht gefunden im Beisammensein mit ihren Kindern und mit anderen Frauen, und das hat vielen von ihnen ermöglicht, emotional lebendig, empfindsam und empathisch zu bleiben, selbst unter der Belastung von zwei Jobs. Obwohl manche Männer die entsprechenden männlichen Netzwerke und Zusammenkünfte hatten, waren diese doch kein Ort für vertrauliche Gespräche, und folgerichtig wurden Männer in Bezug auf Gefühle unsensibel und unwissend. Um als Arbeiter und Angestellte überleben zu können, mussten sie über einen so langen Zeitraum hinweg emotionalen Selbstmord begehen, dass dieser zum natürlichen Zustand wurde. Diejenigen, die dessen ungeachtet überlebten, waren meist unabhängige Handwerker, Künstler oder Bauern.

Die gut ausgebildeten und starken Frauen von heute geben sich mit Partnern, die in erster Linie gute Versorger sind, nicht zufrieden. Sie können sich selbst versorgen, und sie können sogar Kinder empfangen, ohne dass ein Mann dabei sein muss. Eine Voraussetzung für ihre Entscheidung, eine traditionelle Kernfamilie oder auch nur eine Partnerschaft zu gründen, ist, dass ihr Wunsch nach Nähe, Empathie, Leidenschaft und gefühlsmäßigem Austausch erfüllt wird. Selbst wenn sie dies nicht von Anfang an verlangen, werden sie nach einigen Jahren Partnerschaft unter der Abwesenheit dieser grundlegenden Qualitäten zu leiden beginnen.

Das führt zu einem interessanten und oft schmerzlichen Widerspruch. Frauen haben heute mehr Macht denn je, und sie könnten diese nutzen, um ihren Liebhabern, Partnern und Ehemännern einfühlsame Führung anzubieten. Wenn sie nur wüssten, dass sie den Männern um Dekaden voraus sind – doch dieser Tatsache sind sich viele nicht bewusst. Stattdessen beschränken sie sich darauf, sich zu beschweren, als wären sie noch immer ohnmächtige Opfer.

Junge Väter haben erst in jüngster Zeit begonnen, ihre Rolle als Partner und Vater neu zu erfinden. Sie sind sich vollkommen bewusst, dass sie von den Frauen eine Menge lernen können, doch sie haben auch erkannt, dass sie von Müttern nicht lernen können, wie man ein besserer Vater wird. Sie müssen voneinander und von ihren Kindern lernen. Die Dinge unterscheiden sich enorm von Land zu Land, doch im Großen und Ganzen machen die meisten Männer ihre Identität noch immer in erster Linie an ihrer Rolle als Versorger fest. Viele von ihnen werden auf der Arbeit noch immer misshandelt und gedemütigt, was heutzutage allerdings subtiler vonstatten geht. Natürlich gibt es auch viele Unternehmen und Organisationen, in denen so etwas gar nicht stattfindet.

Ein anderer interessanter Widerspruch ist, dass die heutigen Mütter ihre Söhne oft auf eine Art und Weise großziehen, die verhindert, dass diese als Jungen und junge Männer reifen und erwachsen werden können. Genau genommen erziehen sie ihre Söhne dazu, die Sorte Männer zu werden, die sie selbst als Ehemänner für ihre Töchter furchtbar fänden. Sie verwöhnen, beschützen, bedienen und bewundern ihre Söhne auf eine Art und Weise, die bei diesen ein Leben lang Unverantwortlichkeit und kindisches Verhalten nach sich zieht, und das können sie nur deshalb tun, weil ihre eigenen Ehemänner in jeder Hinsicht abwesend sind.

Frauen haben etwa ein halbes Jahrhundert gebraucht, um ihre Rolle innerhalb der Familie und in Bezug auf Männer umzugestalten. Die Tatsache, dass Männer im Allgemeinen als der Feind angesehen wurden, hat eine überzeugende Motivation geschaffen. Männer haben weder einen gemeinsamen Feind noch eine sie verbindende politische Bewegung, und da sie miteinander kaum über diese Dinge sprechen, wird ihre Befreiung zwangsläufig langsamer vonstatten gehen. Das Reifen beider Geschlechter und auch die Neugestaltung von Partnerschaft, Familie, Mutterschaft und Vaterschaft sind noch lange nicht vollendet.

Ich kann Frauen keinen Rat geben, wie sie sich in Bezug auf diese Phänomene verhalten sollen. Aber im Interesse aller Männer würde ich mich sehr freuen, wenn Sie diesen Essay bei ihren weiteren Überlegungen berücksichtigen würden.

Die Zukunft Ihres Kindes ist jetzt!

Seit dem Mittelalter haben Eltern versucht die Zukunft ihrer Kinder zu planen. Es gab viel, worüber sie sich Sorgen machten und fürchteten, was passieren könnte. Bis zu einem gewissen Maß waren Sie dabei Geiselnehmer der kindlichen Individualität und Zukunft. In diesen Tagen war dies eine gesellschaftliche Notwendigkeit, nach dem zweiten Weltkrieg jedoch gewannen die soziale und wirtschaftliche Sicherheit die Oberhand. Danach kam die Zeit des Wohlstandes und das elterliche Mantra war gewissermaßen „Alles, was wir wollen ist, dass Du glücklich bist!". Seit der Jahrtausendwende gewinnen die sozialen Ambitionen der Eltern an beträchtlicher Bedeutung. Und zwar so viel, dass es weit an der Zeit ist, sich einige grundlegende und ethische Fragen zu stellen. Welche Rolle spielen Kinder im Leben ihrer Eltern – und deren eigenen? Die negativen Auswirkungen davon können bis zu einem gewissen Grad verhindert werden, so wir uns auf unsere Handlungen und auf das Leben unseres Kindes hier und jetzt konzentrieren.

Was möchten Sie als Eltern?

Wollen Sie einfach, dass Ihr Kind glücklich ist? Denken Sie oft über die Ausbildung und die Karriere Ihres Kindes nach? Was sind Ihre größten Sorgen? Welche Träume gibt es für die Zukunft Ihres Kindes – und inwieweit beeinflussen Ihre Träume Ihr Kind? Wie wichtig ist es Ihnen, dass Ihr Kind zu einem gesunden und kompetenten Menschen heranwächst?

Wir müssen uns darauf besinnen, dass Kinder zu bekommen ein sehr egoistisches Projekt ist. Wir bekommen Kinder nicht der Kinder wegen, sondern in der Hoffnung, dass sie unser Leben bereichern werden. Sobald ein Kind geboren ist, sinkt unsere Selbstsucht und es steigt das Interesse an der Sorge um das Kind. Als Eltern schwankt Die Einstellung der Eltern oft zwischen zwei Extremen: „ Du bist mein Kind und ich entscheide!" und „Mein Kind ist mein Leben!" Zwischen diesen beiden Polen gibt es Eltern mit einer ausgewogenen Einstellung.

Unabhängig davon, wie ein Kind geboren wird und welche Träume und Ängste Eltern beschäftigen, es gibt unzählige Dinge, die Sie richtig machen können – und noch mehr die missverstanden werden könnten. Dennoch es gibt einen gültigen Grund für unsere Handlungsweise mit Kindern, welche sowohl für zuhause als auch in Institutionen gilt. Die meisten Eltern wünschen sich, dass ihre Kinder im Alter von 20 Jahren physisch gesund sind, über gute psycho-soziale Kompetenzen verfügen, damit sie so fähig sind, mit sich selbst und anderen zurecht zu kommen.

Dieses Ziel ist gleichbedeutend für alle Kinder, egal unter welchen Umständen sie geboren werden, ob gesund, von Geburt an einer chronischen Krankheit leidend, behindert sind, reich oder arm. Es ist eine wichtige Voraussetzung um zu lernen, sowohl in der Schule als auch vom Lebens selbst. Es ist der optimale Schutz gegen jegliche Art von Gefahren oder Risiken, welche die Zukunft bringen könnten. Es ist außerdem das Beste um Abhängigkeiten, Missbrauch, Gewalt, Essstörungen und vieles mehr zu verhindern. Es ist weitaus effektiver als Grenzen zu setzen, Regeln, Strafen, moralische Aufrüstung oder Beurteilungen sowie alles andere zu betreiben, das wir traditionellerweise als Präventionsmaßnahmen erachten.

Trotzdem sind wir noch weit von diesem Ziel entfernt. In vielerlei Hinsicht geht es Erwachsenen und Kindern heute besser als je zuvor. Wenn wir allerdings von unserer psychischen und sozialen Gesundheit als unsere allgemeine Lebenskompetenz sprechen, so waren die meisten unserer Bemühungen erfolglos. Die Statistiken sprechen klare Worte. Missbrauch und Abhängigkeit nehmen zu, auch die Zahl jener Kinder, Jugendlicher und Erwachsenen in psychologischer Behandlung. Der Verbrauch an Anti-Depressiva, Schlaftabletten und anderen Medikamenten im Zusammenhang mit dem psycho-somatischen Wohlbefinden ist erschreckend hoch. Hinzu kommt, dass die Kosten im Sozial- wie auch Gesundheitsbereich stetig steigen, sich aber als weniger effektiv erweisen. Der Traum einer Wohlstandsgesellschaft, die die Sorge für unsere Gesundheit und Lebensqualität trägt, hat sich in einen Albtraum verwandelt. Die einzige brauchbare Lösung heißt: Persönliche Verantwortung.

Was können Sie tun?

Der bestmögliche Schutz, der bereits erwähnt wurde besteht aus den folgenden Teilen:

1: Ein gesundes Gefühl zu seinem Selbst und die Erfahrung, sich als wertvoll für die Menschen zu fühlen, die wir lieben. Das Gefühl, dass wir ok sind. Wir es wert sind geliebt zu werden genau so wie wir sind – hier und jetzt.

2: Die Möglichkeit zu haben unser Leben in vollem Umfang zu leben, unsere Potentialen bestmöglich zu entfalten, sowohl auf intellektueller, emotionaler und psychischer Ebene. All das unterstützt unseren Selbstwert.

Diese Qualitäten entwickeln sich in erster Linie innerhalb der Familie. Bildungseinrichtungen tendieren dazu, sich auf die Zukunft zu konzentrieren, wobei es von Vorteil wäre, würden sie sich mehr auf das Hier und Jetzt besinnen, weil dies auch das Lernen der Kinder verbessert. Institutionen sind allerdings generell mehr damit beschäftigt neue Fähigkeiten zu entwickeln.

Es ist ein ernsthaftes Problem für die heutigen Kinder, dass ihre Eltern die Techniken der Lehrer zu übernehmen versuchen. Sogar während der Freizeit in der Kinder spielen und kreativ sein sollten, gebrauchen sie externe Anregungen. Eltern nutzen andauernde Unterhaltung durch Fernsehen, Filme oder andere erzieherische Aktivitäten. Die Folge davon sind Kinder, die offen gesagt von externen Unterhaltungsprogrammen überstimuliert sind. Sie haben weder gelernt, noch wissen sie, wie sie ihren Weg in ihr Innerstes finden können. Der Ort an dem die unverfälschte Kreativität verborgen ist. Dies gilt auch für viele Erwachsene. Eine Folge dessen ist, dass unnötiger Stress psychosomatische Probleme und sogenannte „Verhaltensauffälligkeiten" auslöst.

Wenn nun Eltern zu alldem auch noch Ambitionen und Ziele für die Zukunft ihres Kindes hegen, so werden zwei Dinge passieren:

1: Als erste Konsequenz entsteht ein hoher Stressfaktor. Kinder können im Grunde mehr Stress aushalten als Erwachsene, aber nur wenn sie gelernt haben, sich auch zu entspannen. Das bedeutet natürlich Erfahrung und die Fähigkeit dem, was im Inneren passiert, Aufmerksamkeit zu schenken. Dies wird heutzutage als „Achtsamkeit" bezeichnet.

2: Das, was als nächstes passiert ist gleichermaßen für die Gesundheit und den psychosomatischen Schutz von Bedeutung. „Wenn meine Erwachsenen ständig mit den nächsten Schritten meiner Entwicklung beschäftigt sind, dann fühle ich mich nicht ok, so wie ich jetzt gerade bin!" Genau das verhindert, ein Gefühl für sich selbst zu entwickeln. Das Selbstwertgefühl ist ein weitaus wichtigerer Schutz als das Selbstverstrauen, das ich mir durch das Erlernen verschiedenster Fähigkeiten aneigne.

Gerade für Kinder, die sich – aus welchem Grund auch immer – anders fühlen ist dies von besonderer Bedeutung.

Paradoxerweise heißt das, dass die Ziele, die Eltern für Ihre Kinder mit viel Ambition verfolgen gerade aus diesem Grund nicht erreicht werden. Fragen sie irgendeinen Spitzensportler oder Firmenchef über 45, ob deren Selbstvertrauen und Statussymbole ihr Leben, ihre Beziehungen oder ihr Leben als Eltern bereichert haben. Die einstimmige Antwort wird ein „Nein" sein.

Es überrascht nicht, dass unter Eltern Verwirrtheit herrscht, bei so vielen und oft auch gegensätzlichen Expertenratschlägen. An einem Tag ist die Schule und Ausbildung wichtig. Am nächsten ist es die Ernährung, dann die körperliche Ertüchtigung, Bestimmungen zum Alkoholgebrauch und so weiter. Natürlich ist es ein Problem, dass die Welt voll von sogenannter „Experten" ist, die vorgeben sehr viel über sehr wenig zu wissen. Ein anderes genauso bedenkliches Problem ist, dass unsere Politiker, beziehungsweise die verschiedenen staatlichen Ressorts nicht miteinander kommunizieren.

Stellen wir uns für einen Moment lang vor, dass sich die verschiedenen Abteilungen (zuständig für Ernährung, Gesundheit, Kinder, Familien und andere) sich zusammensetzen würden, so würden sie bald feststellen dass ihre Ausgaben ohne einen qualitativen Kontrollmechanismus getätigt werden. Die Verbreitung ihrer Nachrichten zerstört die Kreativität, die Fröhlichkeit und die allgemeine Gesundheit vieler Kinder. Und als ob das nicht schon genug wäre, verursachen sie auch noch eine gewisse Nervosität und Stress in vielen Familien mit schweren Folgen für alle Beteiligten. Keines unserer familylab Büros ,egal in welchem Land, hat jemals die Erfahrung einer Regierung gemacht in der diese Art der Kommunikation vorhanden wäre. Die monetäre Belastung dessen ist einfach zu hoch.

Letzten Endes liegt es an den Eltern eine geschlossene Front im Leben ihrer Kinder zu bilden. Das ist nicht zwangsläufig eine schlechte Sache, aber es wäre wünschenswert, wenn Politiker und Beamte ein klein wenig unterstützend wirken würden.

Egal wen wir fragen, Hirnforscher, Naturwissenschaftler die sich mit der Gesundheit und dem Wohlbefinden befassen, Geisteswissenschaftler, Pädagogen oder Entwicklungspsychologen. Sie alle kommen zu dem gleichen Schluss: „ Es ist nichts daran auszusetzen, sich Ziele zu setzen oder einen Traum zu verfolgen, allerdings ohne dem Zufluchtsort jedoch, den das „Hier und Jetzt" dem Geist, dem Körper und der Seele bietet, könnte vieles fehlschlagen. Außergewöhnliche Leistungen brauchen die Fähigkeit sich auf das hier und jetzt zu konzentrieren. So wie eine gute persönliche Beziehung die Fähigkeit braucht, präsent und aufmerksam zu sein.

Praktische Überlegungen

Im Moment sind Kinder zu viel an „Erziehung" ausgesetzt. Die unübersehbare Folge dessen ist, dass „Erziehung" immer mehr an Einfluss verliert und unerheblich wird - sogar kontraproduktiv. Wieder erfahren Kinder, dass sie zu Werkzeugen ihrer Eltern wurden, um ein öffentliches und persönliches Image zu schaffen. Ungefähr 50 % der Kinder unterliegen den elterlichen Bedürfnissen während die andere Hälfte ihre Eltern herausfordern so gut sie können. Die Anzahl der Kinder mit sogenanntem „unbegründetem Ärger" oder „oppositionellem Syndrom" steigt.

Wieso setzen sich manche Kinder entgegen oder werden wütend? Weil Eltern zu ihnen „Wenn Du es nicht für uns, deine Eltern, tust, wirst du niemals ein anständiger Mensch werden!" sagen. Eine elementare Deklaration von Misstrauen in die natürliche Fähigkeit und des Wunsches eines Kindes zu kooperieren und ein neuerlicher Versuch seine Zukunft zu kontrollieren. Die meisten Eltern sind immer noch nicht daran interessiert, wie Kinder wirklich denken und fühlen. Sie sind mehr daran interessiert wie Kinder zu denken und zu fühlen haben. Wenn dem auch noch Lob und verbale Liebeserklärungen nachfolgen, wird der Selbstwert der Kinder geschwächt. Manche von ihnen entwickeln eine erlernte Hilflosigkeit.

1) Die Lösung ist gleichermaßen einfach wie schwierig zugleich. Verbringen Sie Zeit mit Ihrem Kind – vorzugsweise ohne sogenanntes „Lernspiel-

zeug". Sie müssen gar nichts sagen. Sitzen Sie still, beobachten Sie und Sie werden etwas Neues über Ihr Kind erfahren. Versuchen Sie nicht, es zu belehren oder es zu erziehen. Nehmen Sie es einfach so wahr wie es ist und seien sie persönlich. Eine neue Welt wird sich Ihnen eröffnen.

2) Wenn ihr Kind zu Ihnen sagt: „Mir ist soooo langweilig" machen Sie sich keine Sorgen. Es gibt keinen Grund sich schuldig zu fühlen oder einen Veranstaltungs-oder Beschäftigungskatalog zu prä- sentieren, dieser würde ohnehin zurückgewiesen werden. Schenken Sie Ihrem Kind ein freundliches Lächeln und sagen: „Gratuliere Dir mein Freund. Es wird spannend sein zu sehen, welche Ideen Du haben wirst." Langeweile hält kaum länger an als 20 Minu- ten. Das ist die Zeit, die ein Mensch braucht, um sich von den äußeren Anregungen zu lösen, sich mit sich selbst und seiner eigenen Kreativität zu verbinden. Versuchen Sie dies an einem Beispiel zu demonstrie- ren: wenn sie sich innerlich unruhig fühlen – Kinder nennen das „Langeweile" – schalten Sie Ihr Mobilte- lefon, Ihren Computer und Ihr Fernsehgerät aus, und lassen Sie sich überraschen, was passiert.

3) Wenn Sie ihr Kind zu Bett bringen und Sie die Möglichkeit haben ein paar Minuten zusammen zu verbringen, erzählen Sie von Ihrem Tag. Fragen Sie nicht Ihr Kind wie sein Tag war – es wird es Ihnen au- tomatisch erzählen. Wenn Sie mit Ihrem Kind spielen, so lassen Sie Ihrem Kind die Initiative ergreifen an- statt die Beschäftigung zu steuern.

4) Es gibt keinen Grund sich vor Stille oder Pausen zu fürchten – beides ist gut für die Atmosphäre. Versuchen Sie sich weniger verantwortlich zu fühlen – das heißt: weniger über – verantwortlich. Das, was Sie als Ihre Verantwortlichkeit als Eltern erachten wird einer echten Verbindung zwischen Ihnen im Weg stehen. Wenn Sie eine persönliche Beziehung entwickeln möchten, so müssen sie sich selbst zeigen und verletzlich sein.

Jede Minute und jede Stunde in der sie in diesem Sinne mit ihrem Kind in Beziehung stehen, wird seinen seelisch-leiblichen Schutz stärken. Folglich müssen Sie sich nicht um die Zukunft sorgen, denn Sie bauen damit eine gesunde Beziehung zwischen Ihnen auf. Es wird Ihnen beiden gut tun – viel besser als jegliche präventive Maßnahme, die sie sich jemals vorstellen können.

family/lab.de® – die familienwerkstatt

www.familylab.de
www.familylab.at
www.familylab.ch

familylab.de – die familienwerkstatt ist eine unabhängige Organisation, und die Adresse für Eltern, Lehrer, Mitarbeiter in Unternehmen, die eine solide Basis im Umgang miteinander finden wollen. Für Menschen, die gerne ihre eigenen Werte, im Dialog mit den Erfahrungen von Jesper Juul und familylab bezüglich Familienleben und Kindererziehung, entwickeln wollen.

In der *familienwerkstatt* sind wir Spezialisten darin, Vorträge und Seminare zu gestalten, in denen Eltern und professionelle Fachleute Anregungen und Ideen zu ihrer Arbeit finden können. Und um die bestmögliche Chemie innerhalb der Familie, zwischen Kindern und Erwachsenen, wie auch in Beziehungen innerhalb von Schulen und Betrieben, zu schaffen.

Zum einen haben wir den Wunsch, durch Vorträge, Seminare, Workshops, Symposien, Bücher, Artikel und Filme für Eltern und für Fachleute, die psychosoziale Gesundheit und das Wohlergehen der heutigen und zukünftigen Eltern und Kinder zu verbessern. Damit wollen wir die vielen unterschiedlichen Familien darin unterstützen, gesunde Beziehungen zu schaffen, ohne Gewalt und Missbrauch bei Kindern, Jugendlichen und Erwachsenen.

Zum anderen wollen wir durch öffentliche Bildung, Dialoge, Formulierung von Werten und dem Verbreiten von relevanten, wissenschaftlichen Erkenntnisse die Art und Weise beeinflussen, wie Männer und Frauen über ihre Familien denken und sie aufbauen. Ebenso wollen wir die Werte und das Verhalten in Kinderkrippen, Kindergärten und Schulen so beeinflussen, dass eine optimale Umgebung für ein gemeinsames, soziales, emotionales, kreatives und akademisches Lernen entsteht.

Unsere Vision sind Familien, Institutionen und Gesellschaften mit viel weniger Gewalt, Missbrauch, Sucht und Vernachlässigung. Wir wollen allen guten Willen, Liebe und Hingabe mobilisieren, innerhalb von Familien, Organisationen, wie auch in der Gesellschaft als Ganzem.

»Das Schlüsselwort heißt Beziehung. Ihre Qualität entscheidet über unser Wohlbefinden und unsere Entwicklung als Mensch. Kinder werden mit allen wesentlichen menschlichen Qualitäten geboren und haben daher auch dieselbe Verletzlichkeit und Überlebensfähigkeit wie Erwachsene. Eltern zu sein bedeutet, eine Rolle im Leben einzunehmen, die uns vor große Herausforderungen stellt. – Das sogenannte Problem oder Symptom ist nicht so wichtig. Wichtig ist die Person, die das Symptom trägt. Wir können das Problem nicht lösen, aber wir können Menschen darin unterstützen, destruktive Systeme, Perspektiven und Verhalten ins Konstruktive zu wandeln.« Jesper Juul